AF229989

RÉCITS DIEPPOIS

LA DUCHESSE
DE LONGUEVILLE

A DIEPPE

1650

PAR ÉLIACIM JOURDAIN

A DIEPPE

CHEZ A. MARAIS, LIBRAIRE-ÉDITEUR
GRAND'RUE, 41-43

M DCCC LXIV

LA

DUCHESSE DE LONGUEVILLE

A DIEPPE

1650

LA DUCHESSE

DE LONGUEVILLE

A DIEPPE

1650

PAR ÉLIACIM JOURDAIN

A DIEPPE

CHEZ A. MARAIS, LIBRAIRE-ÉDITEUR
GRAND'RUE, 41-43

M DCCC LXIV

LA
DUCHESSE DE LONGUEVILLE
A DIEPPE

1650

David Asseline, *auteur* des Antiquités et Chroniques de Dieppe, *si justement estimées, parle de l'arrivée de la Duchesse de Longueville à Dieppe, en 1650, et de sa présence à l'Hôtel-de-Ville.*

Un heureux hasard nous ayant fait découvrir aux Archives municipales le procès-verbal de cette mémorable séance, nous croyons devoir le publier, avec la relation du chroniqueur Asseline.

Nous avons pensé aussi qu'on relirait avec intérêt, à cette occasion, la biographie de la Duchesse de Longueville, et nous avons enrichi notre publication d'une Notice sur la belle et galante frondeuse, notice détachée par nous d'une histoire du temps.

ÉLIACIM JOURDAIN,

DE LA SOCIÉTÉ DES GENS DE LETTRES.

Avril 1864.

ANTIQUITÉS ET CHRONIQUES DE DIEPPE

Par DAVID ASSELINE, Prêtre

« .... En laquelle année [1650] il est à propos de
nous arrêter pour représenter la fâcheuse conioncture
où la ville de Dieppe se trouua après la detention de
monsʳ le duc de Longueuille.

« Ce Prince ayant esté arrêté par l'ordre du Roy,
sur les cinq heures du soir du 18ᵉ iour de ianuier de
la même année 1650, et mené du Palais Cardinal au
bois de Vincennes, madame la Duchesse, sa femme,
partit de Paris presque aussitost, accompagnée seulement de dix caualiers ; et Elle alla à Rouën, et de là à
Dieppe, où Elle arriua le 22 de ce mois. Messire Phi-
lippes de Montigny l'ayant resçue auec beaucoup de
respect dans le château de cette ville, Elle s'oc-
cupa à le faire fortifier et à mettre la citadelle au
meilleur estat qui luy fut possible. Mʳˢ les Escheuins
de leur costé ne demeurèrent pas en reste, car ils
députèrent vers monsieur le premier président et
monsieur le procureur du Roy du parlement de Rouën,
et ils firent, sans différer plus long temps, tenir une
assemblée de ville. Son Altesse s'y estant trouuée
tascha de sonder les intentions et les desseins des
Dieppois. Et après qu'Elle eut reconnu qu'ils estoient

fermes et inuiolablement attachez au seruice du Roy, Elle dit en sortant de l'hôtel de ville pour se retirer au château qu'elle n'auoit aucune intention préiudiciable au seruice de Sa Maiesté, mais seulement celle d'y demeurer auec quelque sorte de sûreté pendant la détention de son mary, et qu'elle offroit de se mettre entre leurs mains, pourvu qu'il plût au Roy de faire sortir ses troupes hors de la prouince. Mais ce monarque, qui auoit envoyé dès le 28 de ce même mois des compaignies de gardes, avec les fourriers des mareschaux de ses logis pour Rouën, bien loin d'accorder à cette Princesse ce qu'elle demandoit, voulut y tenir luy-même.... »

EXTRAIT

DU

REGISTRE DES DELIBERATIONS DE L'HOTEL-DE-VILLE DE DIEPPE.

Du lundy septième jour de februier mil six cent cinquante, en l'hostel commun de la ville de Dieppe.

Son Altesse Madame de Longueville ayant fait congnoistre que son intention estoit de se trouuer presentement dans l'hostel commun de ceste ville pour faire scauoir et entendre ses vollontez, et s'y estant rendue Monsieur de Montigny lieutenant au gouvernement present, Messieurs Martin et de Clieu conseillers eschevins en charge, autres eschevins et la plus grande partye des capp^{nes}, lieutenans et enseignes des compaignies des bourgeois de la ville aussy présentz, et ung grandz nombre de peuple quy sy sont rencontrés. Son Altesse a dict et exposé comment elle auoit esté obligée de se retirer en ceste prouince pour la seuretté de sa personne, et passant par Rouen elle auoit déclaré à Messieurs du parlement et à Messieurs de la ville quelle estoit dans le respect et obeissance deube au Roy, et quelle ne rechercheoit qu'un lieu de seureté, et qu'elle nous faisoit la mesme declaration et auoit choisy ceste ville dont Monsieur son mary auoit achepté le gouvernement par la permission du feu Roy, et lauoict possedée l'espace de plus de trente ans, qu'elle ne prétendoit que de uivre en paix et en respos parmy les habitans, que sy sur l'interest des gens de guerre dans la prouince, elle auoit donné quelques ordres pour mettre la place hors destat de surprise ce navoit esté que pour sa seureté, et quaussy tost que lon retireroit les trouspes de la prouince elle estoit preste de licentyer le peu dhommes quelle a mis dans le chasteau pour sa seureté, remettre la garnison en estat ordinaire, et de venir mesme demeurer dans la ville parmy les bourgeois pour plus grande marque de ses bonnes intentions quy ne tendent qu'a auoir la seurelté quy est acquise à tous les subjets du Roy par les déclarations de Sa Majesté, estant le subject pour lequel elle a bien voullu faire lhonneur aux habitans de viure en cedit lieu.

Sur quoy le sieur Martin, premier eschevin, a dit a esté nommé et choisy pour faire à Son Altesse les tres humbles remerciemens des habitans de lhonneur quelle leur fait et a la ville, et dire à Son Altesse que les habitans ne pouuaient auoir que de tres particuliers sentimentz de ses bonnes intentions au seruice de Sa Majesté, et que lon la supplie tres humblement de voulloir trouuer bon quil en soict dressé acte pour estre enuoyé sans retardement par desputez quy seront nommez [conjointement] aux desputez de la ville, lesquelz sont maintenant pres la personne du Roy pour par tous les desputez ensemble représenter à Sa Majesté les bonnes intentions de Son Altesse et sur le tout auoir les vollontez et commandements de Sa Majesté, et y obéir, et ont les habitans nommés Messieurs Osmont bailly de Dieppe et Chasteuille et Jeoux desputez pour ce subject.

DE MONTIGNY, MARTIN, DE CLIEU.

En marge est écrit : « *Deliuré extraict.* »

LA DUCHESSE DE LONGUEVILLE

Belle, spirituelle, née avec un esprit d'intrigue et un caractère turbulent, Anne-Geneviève de Bourbon, duchesse de Longueville, fut d'abord dévote par désœuvrement, puis galante par ambition, et redevint ensuite dévote par raison. On sait qu'elle fut l'âme de la Fronde, et qu'elle figura tour-à-tour dans les querelles des princes et dans celles des poètes. « Elle « avait, dit le cardinal de Retz, une langueur dans « les manières qui touchait plus que le brillant de « celles même qui étaient plus belles. Elle en avait « une même dans l'esprit, qui avait ses charmes, « parce qu'elle avait, si l'on peut le dire, des réveils « lumineux et surprenans. Elle eut eu peu de défauts, « si la galanterie ne lui en eût donné beaucoup. « Comme sa passion l'obligea de ne mettre la poli- « tique qu'en second dans sa conduite, d'héroïne d'un « grand parti, elle en devint l'aventurière. »

Ce dernier rôle n'aurait jamais dû être celui de cette femme célèbre. Sa naissance, son esprit, le rang qu'elle tenait à la cour, l'appelaient aux plus brillantes destinées, et devaient éloigner de son cœur le désir de bouleverser le royaume pour se venger de quelques intrigans et pour satisfaire de petites passions.

Avant d'être madame de Longueville, mademoiselle de Bourbon avait eu du goût pour la vie religieuse. Cette grande ferveur ne fut pas à l'épreuve d'un bal. Sa beauté, sa tournure élégante et les grâces de sa personne attirèrent tous les regards. Son cœur fut secrètement flatté du mal que faisaient ses yeux, le monde à qui elle plaisait cessa de lui déplaire, et les Carmélites s'aperçurent bientôt que la jeune princesse leur était échappée.

Mademoiselle de Bourbon parut avec éclat à la cour, et son esprit brillant trouva des admirateurs à l'hôtel de Rambouillet. A vingt-trois ans elle épousa le duc de Longueville qui en avait quarante-sept. Elle aurait pu sans doute trouver un seigneur plus jeune et plus aimable ; mais elle en eut difficilement rencontré un plus estimable. Elle alla le rejoindre à Munster, en 1644. Ce voyage était un tour que lui jouait le duc d'Enghien, qui l'enlevait par là aux assiduités du prince de Marsillac (depuis duc de la Rochefoucauld). La duchesse ne lui pardonna pas ; il était réservé aux troubles de la Fronde de les réunir.

Tout le monde sait que ces troubles ouvrirent une grande carrière à l'ambition de madame de Longueville ; cependant, l'indolence naturelle de cette princesse l'aurait dégoûtée des discussions d'une politique épineuse, si elle n'avait eu la Rochefoucauld pour lui en débrouiller les difficultés.

Cependant, malgré son dévouement au parti, on la suspectait à Paris, comme on se défiait du grand Condé à Saint-Germain : on s'imaginait toujours que la brouillerie du frère et de la sœur n'était que feinte ; il fallut qu'ils se déchirassent sans ménagement pour bannir la défiance. La paix les réconcilia, et les intrigues de madame de Longueville firent bientôt entrer le grand Condé dans le parti de la Fronde. « Il mettait ses services à trop haut prix, et devenait rebelle « à force de prétentions », dit le président Hénault. Il fut arrêté en 1650, avec son frère le prince de Conti, la Rochefoucauld, le duc de Longueville et quelques autres seigneurs. A la nouvelle de cet événement, madame de Longueville se retire en Normandie, s'efforce de faire soulever cette province, et n'y pouvant réussir, va trouver Turenne pour l'engager à faire révolter l'armée qu'il commandait.

L'élargissement des princes ramena la tranquillité pour quelques instants. Ce fut alors que madame de Longueville se trouva dans la situation la plus brillante. Outre la part qu'elle continuait d'avoir à tout, elle était l'objet de l'admiration du public, plus frappé de ses grandes qualités et de ses grands talents que de l'usage peu légitime qu'elle en faisait. Le repos ne lui convenait pas. Pendant que les discussions politiques étaient suspendues, elle prit parti dans les discussions littéraires qui s'élevèrent au sujet des sonnets d'Uranie, par Voiture, et de Job, par Benserade. Elle prouva plus d'une fois la pureté de son goût et la justesse de son esprit; mais ce qui doit lui mériter à jamais l'estime des amis des lettres, ce fut la protection qu'elle accorda aux littérateurs de son temps, et l'asile qu'elle donna aux grands écrivains de Port-Royal.

De nouveaux troubles l'arrachèrent à des occupations paisibles, et la replongèrent dans des intrigues nouvelles et dans de nouveaux chagrins. Ses amans l'abandonnèrent, les troupes du roi eurent le dessus, son mari mourut, sa jeunesse disparaissait, il n'en faut pas tant pour rendre une femme dévote, madame de Longueville le devint irrévocablement; elle quitta la cour, et vécut dans la retraite la plus profonde jusqu'à sa mort, qui arriva le 15 avril 1679 aux Carmélites de la rue Saint-Jacques. Elle était née en 1618, au château de Vincennes, où son père, Henri II de Bourbon-Condé, était prisonnier.

PH. L. R.

Évreux, A. Hérissey, imp. — 764.